# LE SIÉGE D'AMIENS.

EN 1597

## ET LES JÉSUITES.

# LE SIÉGE D'AMIENS

EN 1597

# ET LES JÉSUITES.

---

AMIENS,
IMPRIMERIE DE LENOEL-HEROUART,
RUE DES RABUISSONS, 30.

1873.

Les conférences publiques, d'ailleurs parfaitement utiles et dignes d'être encouragées, sont nuisibles et deviennent des instruments d'erreur et de démoralisation lorsque le conférencier s'est inspiré de ses préventions politiques ou religieuses : or, c'est ce fâcheux caractère qu'avait l'improvisation de M. Samier, avocat à Amiens, lorsqu'il traita, au mois d'août 1871, du *Siége d'Amiens par Henri IV, en* 1597.

L'orateur ne craignit pas d'affirmer (sans apporter aucune preuve à l'appui de ses allégations) que les Jésuites *de cette ville* faisaient, pendant le siège, des vœux pour les ennemis de la France.

Cette accusation était doublement regrettable, et par son évidente fausseté, et par les circonstances où elle se produisait.

On ne pouvait oublier, en effet, que le sang de cinq Religieux de la Compagnie de Jésus, massacrés par la Commune, venait à peine de couler dans Paris. Comment expliquer qu'un honnête homme voulût, par de fausses imputations, désigner à de nouvelles haines et aux fureurs de la prochaine Commune, des prêtres vertueux, des Religieux dignes de tous les respects, ne fût-ce que par leurs récents malheurs ?

Sans doute, M. Samier n'avait pas réfléchi aux conséquences

de sa légèreté et il dût la regretter plus tard. Quant à nous, il nous appartenait de rétablir la vérité des faits, et c'est ce que nous avons entrepris dans une lettre envoyée à l'*Abbevillois*, le lendemain du jour où M. Samier avait donné sa conférence. Cette lettre a été l'occasion de la polémique soulevée dans le *Progrès de la Somme* par M. U. Lambert, polémique dont nous mettons toutes les pièces sous les yeux des lecteurs.

Sous peine d'être accusé de lâcheté, nous devions venger la vérité outragée.

Sous peine d'être taxé d'ingratitude, un ancien élève, un ami de cet Ordre, si souvent, si injustement persécuté, devait se lever pour le défendre. On comprendra moins pourquoi, devant un adversaire luttant à visage découvert, M. X., qui nous reproche nos initiales, s'est obstiné à garder le masque de U. Lambert. Rougirait-il de sa science ?

Quoiqu'il en soit, le public jugera de quel côté se trouvent le bon droit, la justice et la sincérité.

ALB. DE BADTS DE CUGNAC.

UNE QUESTION D'HISTOIRE LOCALE.

# Y AVAIT-IL DES PP. JÉSUITES

## A AMIENS

### EN L'ANNÉE 1597.

I.

A *Monsieur* Tilloy (1),

Rédacteur en chef de l'*Indépendant rémois*.

Mon cher Tilloy,

Quelque temps avant de quitter Amiens où vous étiez rédacteur en chef du *Journal d'Amiens*, vous m'avez remis un extrait du journal l'*Abbevillois*, contenant une lettre écrite d'Amiens, le 6 août 1871.

---

(1) *Progrès de la Somme* du 21 Mars 1873.

Cettre lettre est un compte-rendu fantaisiste d'une conférence, faite par M Samier, sur le siége et la délivrance d'Amiens en 1597. En me remettant ce document, mon cher Tilloy, vous m'avez dit : « Je ne connais pas assez l'histoire locale d'Amiens pour savoir si l'auteur anonyme du compte-rendu inséré dans l'*Abbevillois* a raison, mais à la tournure de sa lettre, au ton faux et lourdement moqueur des périodes, aux allégations qu'elle contient, je flaire un mensonge historique ; voici cette lettre, étudiez-la, faites des recherches et rétablissez la vérité s'il y a lieu. »

Je pris de vos mains la lettre en question, je la lus, et immédiatement je m'aperçus qu'elle était l'œuvre d'un élève du Père Loriquet. Seulement, paresseux de ma nature, je la mis dans une liasse de notes à revoir. Cette liasse finit par être entassée sur mon bureau, sous d'autres papiers que chaque jour accumulait. Dernièrement, en faisant un rangement dans mes papiers, j'ai retrouvé la lettre de l'*Abbevillois*, et c'est à cette lettre que je vais répondre.

Je laisserai de côté tout ce qui regarde les personnalités adressées au conférencier d'Amiens par M. A.-B.-C. signataire de la lettre en question. Je m'en tiendrai uniquement au post-scriptum de la missive écrite d'Amiens le 6 août 1871 et insérée si complaisamment par l'*Abbevillois*, en vertu du proverbe : *asinus asinum fricat.*

« L'éloge serait à peu près mérité, si M. Samier, entre
» autres erreurs, n'avait affirmé que pendant l'occupation
» espagnole de 1597, tandis que les moines Augustins se
» concertaient pour sauver la ville, les Jésuites d'Amiens
» priaient pour les ennemis de la France. Or, nous en sommes
» fâchés (*sic*) pour M. Samier, il n'y avait pas alors de Jésuites
» à Amiens. Ces Pères ne s'établirent dans cette ville qu'en
» 1604 (manuscrit (*sic*) de Pagès. 1er vol. p. 357.) »

Ainsi, c'est convenu, si l'on s'en rapportait à M. A.-B.-C., le correspondant de l'*Abbevillois*, qui me fait l'effet d'en être à ses initiales pour l'histoire d'Amiens, il serait évident que les Jésuites n'étant venus à Amiens qu'en 1604, ils ne pouvaient pas en 1597 prier, dans cette ville, pour les ennemis de la France. Chacun d'eux pourrait dire comme l'agneau au loup de la fable du bon picard La Fontaine :

Comment l'aurais-je fait, si je ne n'étais pas né?

Et M. Samier, bien entendu, aurait été un infâme menteur ; il aurait contre lui l'autorité de Pagès, marchand mercier et marguillier de la paroisse Saint-Martin d'Amiens, qui écrivit, pour l'instruction de ses enfants, des dialogues historiques sur notre ville publiés par feu M. Louis Douchet, membre de la Société des Antiquaires de Picardie, sous le nom de : *Manuscrits de Pagès*.

Dire que Pagès était un clérical enragé serait parfaitement inutile ; nous n'accepterons la date qu'il donne qu'après examen et au lieu de dire que les Jésuites s'établirent à Amiens en 1604, nous ouvrirons d'abord une autre histoire d'Amiens que la sienne, écrite aussi par un clérical, par un religieux, par un moine, le Révérend Père Daire, de l'ordre des Célestins. Voici ce que dit le Révérend Père Daire, tome II, page 298 et 299 de son *Histoire de la ville d'Amiens* :

« Les Jésuites se sont établis à Amiens de la manière sui-
» vante : l'Evêque Geoffroy de la Martonie, au mois de No-
» vembre 1583, chargea Jacques l'Estourneau, Chanoine
» Pénitencier, et Nicolas de la Soipière, aussi Chanoine et son
» Secrétaire, de représenter de sa part au Corps de Ville, que
» le peu de fruit qu'on retiroit de l'ancien Collége par la
» négligence des Régens, forçoit les Bourgeois d'envoyer
» malgré eux leurs enfants étudier ailleurs ; que pour y re-
» médier il se chargeoit de faire venir quelques Jésuites qui
» seroient soumis à l'Ordinaire, auxquels on feroit un revenu
» honnête sans qu'il en coûtât rien à la Ville, et qu'il

— 10 —

» demandoit seulement l'emplacement de l'ancien Collége. Le
» Corps de Ville, s'assembla, l'affaire souffrit quelques diffi-
» cultés ; mais malgré l'opposition de plusieurs Echevins, *la*
» *pluralité l'emporta. On y souscrivit* à condition que les Pères
» de la Société ne prendroient rien des Ecoliers ; qu'ils
» seroient tous François ; qu'on n'y admettroit aucun étranger,
» et que les Capettes demeureroient dans le Collége, où ils
» jouiroient de leurs fondations.

« Le 18 Février 1593, *le Corps de Ville accepta l'offre que*
» *firent les Jésuites de prendre le Collége*, et dès le mois d'Avril
» on leur donna le Prieuré de S. Pierre à Gouy, et on leur
» accorda les deux cens écus qui se payoient au principal, à
» condition que le Corps de Ville conserveroit son autorité sur
» le Collége, et qu'on cesseroit de payer cette somme, dès que
» ces Pères jouiront de 3000 liv. de rente : on leur donna en
» outre, dès qu'ils arrivèrent, 133 écus, 20 sols pour se
» meubler, et on les chargea de l'entretien des Capettes. »

Eh bien ! mon cher Tilloy, voilà déjà un point qui commence
à s'éclaircir. Le révérend P. Daire, le pieux religieux célestin
d'Amiens, nous apprend qu'en 1583, c'est-à-dire quatorze ans
avant 1597, l'évêque Geoffroy de la Martonie proposait aux
échevins de notre ville d'accepter des Jésuites à Amiens ; que
la *pluralité l'emporta* dans le conseil pour cette acceptation ;
qu'*on y souscrivit;* qu'enfin en 1593, c'est-à-dire quatre ans
avant 1597, le *corps de ville accepta l'offre que firent les jésuites*
*de prendre le collége*, etc., etc., voyez la citation.

Ainsi, en 1583 et en 1593 la ville d'Amiens, selon le révérend
Père Daire, possédait des Jésuites. C'était là sans doute un
insigne bonheur pour elle, mais je n'ai pas à examiner l'influence néfaste de cet ordre au milieu des populations où il
vient s'implanter. Ce que j'ai à constater, et cela me suffit,
c'est que le correspondant de l'*Abbevillois* a écrit un chapitre

de l'histoire d'Amiens, comme le Père Loriquet écrivait l'histoire de France.

Cependant, mon cher Tilloy, on pourrait peut-être m'objecter, puisque Pagès, historien clérical, s'est trompé en disant que les Jésuites s'établirent à Amiens en 1604, on pourrait, dis-je, m'objecter que le Père Daire, également historien clérical, a pu se tromper aussi, en disant que ces mêmes jésuites étaient à Amiens dès 1583 et *à fortiori* en 1593. Vous remarquerez, mon cher Tilloy, que l'une de ces deux dernières dates m'est absolument indifférente pour la thèse que je soutiens, à savoir que M. A.-B.-C. a fait un mensonge historique dans l'*Abbevillois*. En prenant même la seconde date donnée par le Révérend Père Daire, c'est-à-dire, celle de 1593, mon but est atteint puisqu'il est établi qu'il y avait des Jésuites à Amiens avant l'année 1597.

Mais, soyons bon prince, mettons dos à dos et Pagès et Daire, historiens cléricaux, méfions-nous de leurs dires, et supposons qu'ils se sont trompés tous les deux.

L'histoire, mon cher Tilloy, ne se fabrique pas, elle s'impose. Pour qu'elle ait de la valeur il faut qu'elle soit impartiale et puisée aux sources contemporaines des faits exposés par le narrateur. Il faut aussi que ces sources soient examinées scrupuleusement et qu'une certaine dose de science, un certain esprit de critique se présentent dans l'examen des faits.

Or, il existe à Paris, à la Bibliothèque nationale, une collection historique sur la Picardie, écrite encore, — voyez, cher ami, quelle chance j'ai ! — par un clérical, par un moine de Corbie, nommé Dom Grenier. Ce moine était un picard, un bénédictin et, cela ne me répugne pas à confesser, un savant. Les manuscrits de Dom Grenier, qui sont immenses, sont classés par paquets. Or, dans le quatorzième paquet, article huitième, pages 269 et 270, je trouve copie d'une séance de l'échevinage d'Amiens tenue le 10 novembre 1583. Si le registre aux délibérations de l'échevinage d'Amiens pour l'année 1583 n'a pas disparu, l'original de la pièce que je vais produire existe aux archives municipales à l'Hôtel-de-Ville d'Amiens. Maintenant je transcris textuellement la copie faite par le révérend Père Dom Grenier, moine bénédictin de l'abbaye de Corbie :

« 1583. 10 Novembre. Audit eschevinage, ou estoient
» assemblez mesdits sieurs Maïeur... et le conseil de la Ville,
» sont entrez, de la permission de mesdits sieurs, vénérables
» et discrètes personnes, M⁰ Jacques Lestourneau, chanoine et
» pénitencier de l'église Nostre-Dame d'Amiens, et M⁰ Nicolas
» de la Voipière, » — (Le P. Daire l'appelle Soipière, ainsi
qu'on l'a vu plus haut) — « chanoine de ladite église et
» secrétaire de monseigneur l'évêque d'Amiens, lesquels, par
» la bouche dudit Lestourneau ont dit qu'ils avoient charge
» de monseigneur l'evesque de faire la révérence à mesdits
» sieurs, et leur dire comme, depuis que Dieu lui avoit fait la
» grâce d'estre évesque de ceste ville, il avoit pourveu à son
» pouvoir à toutes les nécessités qu'il lui a esté possible, et
» principalement pour le faict de l'église, et mesme pour l'ins-
» truction de la jeunesse, pour laquelle les anciens avoient
» érigé un beau collége en ceste ville, duquel maintenant ne
» s'en tire le fruict que l'on espéroit, par la négligence des
» précepteurs, dont ledit sieur évesque a receu et reçoit
» chacun jour diverses plaintes des habitants qui sont
» contrains d'envoyer leurs enfans aux escoles à Abbeville,
» Péronne, Corbie et autres petites villes ou directement à
» Paris, chose que mondit seigneur porte à contre-cœur, et
» pour y donner meilleur ordre, *par la grâce de Dieu, il avoit*
» *suscité aucuns* (quelques) *jésuites de venir résider en ceste ville*
» estans lesdits jésuites approuvez par le sainct concile tenu à
» Trente.... que mondit seigneur l'évesque et messieurs du
» chapitre d'Amiens *désireroient fort de faire un collége de*

» *jésuites en ceste ville,* mais il ne se pouvoit trouver lieu pour
» les loger plus propre que le collége de ceste ville, ayant
» mondit seigneur l'évesque cerché tous les moiens de recouvrer
» autre lieu, mesmes pour ce faire a offert 1,500 livres de la
» maison du prieuré de Saint-Denis, et partant mondit sieur
» l'évesque prioit messieurs *de permettre de leur part de pouvoir*
» *prendre ledit collége, sur lequel ils avoient quelque superinten-*
» *dance,* POUR Y LOGER LESDITS JÉSUITES, etc., etc. »

Il est inutile de prolonger cette citation plus que suffisante pour établir que dès le mois de novembre 1583, de par Geoffroy de la Martonie qui avait *suscité* quelques jésuites de venir à Amiens, cet ordre avait pris pied dans notre ville pour ne plus en sortir, et qu'en 1597, il y avait des jésuites à Amiens, *quod erat demonstrandum*

Donc le don Bazile amiénois qui, le 6 août 1871, a envoyé une lettre à l'*Abbevillois* pour nier l'existence des Jésuites à Amiens en 1597, a écrit un mensonge, et le conférencier avait eu raison de dire ce qu'il a dit. Mais il est une école qui ne recule pas devant le mensonge pour la défense d'une cause, et M. A.-B.-C. est de cette école. Aussi au lieu de s'adresser aux journaux cléricaux d'Amiens, pour faire germer son petit grain de fausseté, parce qu'à Amiens il aurait eu réponse immédiatement, a-t-il pris la voie tortueuse d'un maître Tartufe et a-t-il été frapper à la porte, hospitalière pour ces sortes de choses, du journal qui représente le goupillon à Abbeville.

Le correspondant anonyme de l'*Abbevillois*, qui en est à l'A B C pour notre histoire locale, a dû recevoir depuis bientôt deux ans, assez de congratulations de la part de nos sacristains à propos de sa lettre, pour qu'aujourd'hui la grimace que lui fera faire ma réponse soit un peu moins laide.

Sur ce, mon cher Tilloy, je vous tends sans rancune la main

qu'à votre départ et à mon grand déplaisir, vous aviez oublié de venir serrer.

Amiens, 16 mars 1873.

U. Lambert.

Le lendemain du jour où l'attaque de M. U. Lambert parut, le 21 mars 1873, le *Progrès de la Somme* inséra la note que l'on va lire :

Nous recevons la lettre suivante :

Monsieur le Rédacteur,

Pris à parti dans vos colonnes sur un point d'histoire locale à propos d'une lettre signée de mes initiales qui a paru dans le journal l'*Abbevillois*, au mois d'août 1871, j'attends de votre impartialité l'insertion de la réponse ci-jointe dans votre prochain numéro.

J'ai l'honneur de vous saluer.

Alb. de Badts de Cugnac.

Amiens, 19 mars 1873.

Nous publierons demain la réponse de M. Alb. de Badts de Cugnac.

Le 22 mars, ce journal donnait la réponse de M. de Badts de Cugnac, complètement dénaturée comme on le verra plus loin. Le *Progrès* n'avait pas hésité à retrancher tout ce qui, n'étant pas purement historique, constituait cependant le droit de légitime défense contre les injures que son collaborateur avait cru pouvoir se permettre.

Voici la pièce tronquée par le *Progrès*.

## II.

### A Monsieur U. Lambert (1)

Rédacteur au *Progrès de la Somme*.

Monsieur,

Au mois d'août 1871, dans une conférence publique, M. Samier avait affirmé que, pendant le siége d'Amiens par Henri IV, en 1597, les jésuites *de cette ville*, faisaient des vœux pour les ennemis de la France.

Je répondis aussitôt dans l'*Abbevillois* que l'honorable conférencier avait commis une grave erreur et j'affirmai qu'il n'y avait, en 1597, aucun jésuite à Amiens.

M. Tilloy « flairant » dans ma lettre « un mensonge historique, » vous chargea de rétablir la vérité. Vous avez mis deux ans à préparer cette rectification : j'avoue que je ne vous attendais plus.

. . . . . . . . . . . . . . . . . . . .

Quand vous affirmez qu'il y avait des Jésuites à Amiens en 1597, je pourrais tout d'abord vous arrêter, l'histoire de France en main. Ecrite ou non par des cléricaux, cette histoire nous dit que les Jésuites, exilés en 1594, par un arrêt du Parlement, ne rentrèrent en France que dix ans plus tard, en vertu d'un édit de rétablissement signé par Henri IV et enregistré *le 2 janvier 1604*. Leur présence à Amiens en 1597 est donc historiquement impossible. Mais cette petite difficulté n'arrêtera sans doute pas un historien de votre force et;

---

(1) *Progrès de la Somme* du samedi 22 mars 1873.

puisque vous avez des textes contre l'évidence historique, discutons-les, je le veux bien. Vous commencez, monsieur, par éliminer Pagès. Cet homme, n'étant, comme vous le dites avec un dédain tout démocratique, qu'un *marchand mercier* (fi donc !) et qui plus est un clérical, ne mérite aucune confiance. Quant au P. Daire, quoiqu'il fut religieux, vous lui faites l'honneur de le citer. Vous prenez donc dans son t. II de l'*Histoire d'Amiens* des extraits des pages 298 et 299. Vous y trouvez que l'*Echevinage s'assembla...*, qu'on souscrivit aux conditions des PP. Jésuites... que, *le 18 février 1593, le corps de la ville accepta l'offre que firent les Jésuites de prendre le collége* et de tout cela vous concluez, d'après le P. Daire !! qu'en 1583 et en 1593 Amiens possédait des Jésuites.

La conclusion paraît un *peu forcée*... nous voyons bien qu'il est question ici de l'établissement des Jésuites, mais ce ne sont là que des préliminaires, des négociations : et, en effet, il n'y a pas autre chose. C'est ce que vous auriez vu si, continuant la citation, au lieu de tronquer le texte au bon endroit, pour les besoins de votre cause, vous étiez arrivé à ces lignes où le P. Daire écrit que : « *dès le mois de novembre 1599 les régents* » *abandonnèrent le collége et que Louis Andrieux, qui en était le* » *principal, se retira à Paris.* »

A la page 299 du même volume, on lit que le roi Henri IV leur octroya des lettres patentes, lettres enregistrées au bailliage le 20 *octobre* 1608 « *temps où se fit l'ouverture des classes.* »

Ces lettres patentes citées in extenso dans le même ouvrage T. II. p. 431, contiennent cette phrase significative : « *Considérant qu'en toute l'étendue de notre pays de Picardie, il n'y a aucun des dits colléges* (*de Jésuites*), *à ces causes*, permettons à la dite congrégation de Jésus de pouvoir ÉTABLIR un *collége* en ladite ville d'Amiens. Donné à Paris au mois de février de l'an de grâce 1604, et de notre règne le 15ᵉ. » Est-ce concluant ? Si

Henri IV permit aux Jésuites de s'ÉTABLIR à Amiens en 1604, c'est qu'ils n'y étaient pas auparavant.

Passons à Dom Grenier que vous mutilez non moins cruellement que vous avez tronqué le Père Daire. Vous prenez dans cet auteur le récit de la séance de l'échevinage du 10 novembre 1583 et, après avoir cité quelques préliminaires, vous concluez « de ce que *l'évêque pria Messieurs de permettre de leur* » *part de pouvoir prendre ledit collége, sur lequel ils avaient* » *quelque surintendance pour y loger les dits Jésuites* » qu'il est superflu « *de prolonger cette situation plus que suffisante !!! pour* » *établir que dès* 1583 *cet ordre avait pris pied dans notre ville* » *pour n'en plus sortir, et qu'en* 1597 IL Y AVAIT DES JÉSUITES A » AMIENS !!! » En vérité, Monsieur, votre logique est renversante et vous avez bien raison de vous écrier après ce chef-d'œuvre de dialectique : « L'histoire ne se fabrique pas, elle » s'impose. Pour qu'elle ait de la valeur, il faut qu'elle soit » *impartiale* et puisée aux sources contemporaines des faits » exposés par le narrateur. Il faut aussi que ces sources soient » *examinées scrupuleusement* et qu'une certaine *dose de science*, » *un certain esprit de critique* se présentent dans l'examen » des faits, » Très-bien, Monsieur, vous joignez l'exemple au précepte.

Continuons, s'il vous plaît, cette citation que *pour cause*, vous jugez *inutile* de prolonger. M. Augustin Thierry (est-ce encore un clérical?) au 2ᵉ vol. du *Recueil des monuments inédits du Tiers-Etat* donne la suite de la pièce que vous citez et qui est la délibération de l'échevinage du 10 novembre 1583. A la fin de cette délibération le maire répondit que l'échevinage aviserait » et l'on remit la discussion à huitaine. Le 24 novembre 1583, nouvelle délibération où l'on « remercia l'évêque de la bonne « volonté qu'il a d'establir et d'admettre en cette » ville les dits religieux et où l'on déclara que quand ledit » accord sera arrêté, un desdits sieurs ou leurs commis ou » délégués y seront appelés. »

Jusqu'ici rien ne nous dit que les Jésuites sont à Amiens. Or, le savant historien Augustin Thierry, après avoir examiné et reproduit intégralement (p. 1043 et suivantes) les pièces contenues aux archives de l'Hôtel-de-Ville d'Amiens (reg. aux délibérations de l'échevinage 53, 55, 58, 59, 61, 62, 78, 2ᵉ liasse, R. 4. 2ᵉ pièce) prononça l'arrêt suivant qui ne souffre pas de réplique :

« On a vu, dit-il, qu'en 1583 l'évêque Geoffroy de la Mar-
» thonie ayant offert aux magistrats municipaux de faire venir
» des jésuites, cette proposition avait été acceptée par l'Eche-
» vinage sous certaines conditions.... le 18 février 1593, les
» membres de l'Echevinage arrêtèrent de nouveau que l'admi-
» nistration du collége serait soumise aux PP. jésuites, que
» ceux-ci l'exerceraient sous l'autorité de la ville, etc. Cette
» décision adoptée, l'échevinage écrivit au pape pour obtenir
» que le Prieuré de St-Pierre à Gouy, fût cédé aux jésuites.
» *En* 1599 *les anciens* régents abandonnèrent le collége et le
» principal, Louis Andrieux, se retira à Paris. En février 1604
» intervinrent des lettres patentes Henri IV qui, sur la requête
» des nobles, manants et habitants de la ville d'Amiens, auto-
» risaient la société de Jésus *à tenir un collége en cette ville.* Des
» lettres patentes accordées par Henri IV pour l'établissement
» du colléges furent entérinées *le* 20 *octobre* 1608 *et c'est alors*
» *que se fit l'ouverture des classes.* »

Le long intervalle qui s'écoula entre les diverses négociations de 1583, 1593, et l'entrée des jésuites dans leur collége d'Amiens, en 1608, s'explique, quand on sait (ce que vous oubliez, monsieur), que les jésuites durent quitter la France de 1594 à 1604.

Nous pourrions citer d'autres pièces décisives qui existent aux Archives du département de la Somme, entre autres : l'extrait du registre du chapitre d'Amiens du 20 décembre 1606 contenant la supplique du P. de Machault à l'effet de se faire délivrer un acte de transport de l'ancien collége St-Michel.

L'acte par lequel le même Père traite au nom de sa compagnie le 1ᵉʳ octobre 1607 pour l'ÉTABLISSEMENT d'un collége à Amiens ;

Le consentement de l'écolâtre Pierre Fournier au transport du collége d'Amiens fait aux Jésuites (15 octobre 1607). Ces divers documents prouvent péremptoirement que les Jésuites ne s'établirent pas à Amiens avant 1608. Donc, comme vous le dites très-bien, les Jésuites ont droit de vous répondre quand vous leur reprochez leur méfait pendant le siége de 1597 : Comment l'aurais-je fait, si je n'étais pas né !

*Quod erat demonstrandum.*

Mais alors, qui de vous ou de moi endossera le fameux *mensonge historique ?* et cette école « qui ne recule pas devant le mensonge « pour la défense d'une cause » est-ce la mienne ou la vôtre ?

. . . . . . . . . . . . . . . . . . . .

M. Samier s'est donc trompé tout simplement et vous aussi ; bien que, pour vous le dire en passant, vos libertés à l'égard des textes soient par trop démocratiques.

. . . . . . . . . . . . . . . . . . . .

ALB. DE BADTS DE CUGNAC.

P.-S. — Permettez-moi de vous faire observer en dernier lieu que les termes de la délibération du 18 février 1593 *sont falsifiés*, vous dites :

« Le 18 février 1593, *le Corps de ville accepta l'ordre que firent
» les Jésuites de prendre le Collège*, et dès le mois d'avril on
» leur donna le Prieuré de Saint-Pierre à Gouy, et on leur
» accorda les deux cents écus qui se payaient au principal, à
» condition que le Corps de ville conserverait son autorité sur
» le Collége, et qu'on cesserait de payer cette somme, dès que
» ces pères jouiraient de 3,000 livres de rente : on leur donna
» en outre, dès QU'ILS ARRIVÈRENT, 133 écus 20 sols pour se
» meubler, et on les chargea de l'entretien des Capettes. » Or,

ce « n'est pas ARRIVÈRENT » qu'il fallait dire, mais bien *arriveront*, ce qui change singulièrement le sens de la phrase.

Voici du reste l'extrait de l'acte du 18 février 1593, tels que le donne Augustin Thierry (p. 1044) d'après la pièce originale qui se trouve dans les archives de l'Hôtel-de-Ville d'Amiens.

« Considérant le peu d'instruction que recevait la jeunesse au
» collége d'Amiens où professait un principal qui avait de la
» ville 200 écus, il a été arrêté par les mayeurs et échevins
» qu'ils consentiraient de concéder ledit collége aux PP. Jé-
» suites à la charge pour eux d'entretenir les Capettes…. En
» conséquence que les deux cents écus seraient payés aux dits
» Pères Jésuites chacun an, jusqu'à ce qu'ils aient un fond de
» mille écus de rente, sauf à récompenser ledit sieur principal.
» *Résolu* qu'il leur *sera* fourni à leur arrivée 133 écus et
» 20 sols pour leur aider à se meubler. »

Lisez donc mieux les textes, mon cher monsieur, vous qui allez si *impartialement* aux sources. On s'expose à des falsifications *involontaires* quand on n'y regarde pas de si près.

Le *Progrès* ajoutait ensuite :

Nous avons reçu ce matin la réponse de notre collaborateur U. Lambert à la lettre qu'on vient de lire. Le manque de place nous oblige à ajourner à demain la publication de cette réponse.

---

Obligé de recourir à un journal plus impartial, M. de Badts de Cugnac s'adressa au *Mémorial d'Amiens* et au *Messager d'Amiens* qui donnèrent sa lettre *in extenso* dans leur n° du 23 et 24 mars ; nous la mettons sous les yeux du lecteur :

---

## III.

Monsieur le Rédacteur (1)

Grossièrement attaqué dans le *Progrès de la Somme* par un personnage qui cache piteusement sous le voile de l'anagramme le nom d'un homme que nous pensions mieux pourvu, sinon de convenance et de dignité, au moins de science historique ; nous espérions que ce journal insérerait notre réponse. Mais en comptant sur la loyauté du *Progrès*, nous nous étions trompé. Notre lettre a été complètement mutilée, tandis que notre adversaire gardait le droit de nous insulter à son aise.

Nous renonçons à nous adresser à un journal qui comprend ainsi la justice et l'impartialité, et c'est à vous, Monsieur, que nous avons recours pour obtenir le droit de répondre à notre adversaire masqué, bien digne de collaborer au *Progrès de la Somme*.

Agréez, Monsieur le Rédacteur, l'hommage de ma parfaite considération.

Alb. DE BADTS DE CUGNAC.

*A Monsieur* U. LAMBERT, *rédacteur du* Progrès de la Somme.

Monsieur,

Au mois d'août 1871, dans une conférence publique, M. Samier avait affirmé que pendant le siége d'Amiens par Henri IV, en 1597, les jésuites *de cette ville*, faisaient des vœux pour les ennemis de la France.

Je répondis aussitôt dans *l'Abbevillois*, que l'honorable

(1) *Mémorial d'Amiens*, 23 mars 1873.

conférencier avait commis une grave erreur et j'affirmai qu'il n'y avait, en 1597, aucun jésuite à Amiens.

M. Tilloy « flairant » dans ma lettre un mensonge historique,» vous chargea de rétablir la vérité. Vous avez mis deux ans à préparer cette rectification : J'avoue que je ne vous attendais plus. Mais avant d'accepter la discussion où vous m'entraînez, permettez, Monsieur, que nous fassions connaissance. Vous avez deviné en moi un disciple du père Loriquet? Quelle perspicacité ! En effet, s'il suffit pour cela, d'être un ancien élève et un ami des Jésuites, je suis de l'école dont vous parlez. C'est à cette école que j'ai appris que la politesse et la modestie sont les qualités essentielles d'un véritable savant, et que tout honnête homme, se respectant lui-même et respectant autrui, ne s'abaisse jamais jusqu'à l'injure. D'après ces principes, je n'ai pas besoin de vous demander qui vous êtes, le ton de votre lettre me l'indique assez, et cela me suffit.

Si vous le permettez, Monsieur, nous ne nous arrêterons pas aux épithètes assaisonnées de sel attique dont vous émaillez la leçon d'histoire que vous prétendez faire à mes dépens ; c'est un vocabulaire auquel j'ai le malheur d'être complètement étranger, mes maîtres ayant négligé de me le faire apprendre; et d'ailleurs vous excellez tellement à vous en servir, qu'il faudrait toujours vous rendre les armes sur ce terrain Venons-en, s'il vous plaît, au cours d'histoire locale. — Quand vous affirmez qu'il y avait des jésuites à Amiens en 1597, je pourrais tout d'abord vous arrêter, l'Histoire de France en main. Ecrite ou non par des cléricaux, cette histoire nous dit que les jésuites exilés en 1594, par un arrêt du Parlement, ne rentrèrent en France que dix ans plus tard, en vertu d'un édit de rétablissement signé par Henri IV et enregistré le 2 janvier 1604.

Leur présence à Amiens en 1597 est donc historiquement impossible. Mais, cette petite difficulté n'arrêtera sans doute pas un historien de votre force et, puisque vous avez des textes contre l'évidence historique, discutons-les, je le veux bien : Vous commencez, Monsieur, par éliminer Pagès. Cet homme, n'étant, comme vous le dites avec un dédain tout démocratique, qu'un *marchand mercier* (fi donc!) et qui plus est un clérical, ne mérite aucune confiance. Quant au P. Daire, quoiqu'il fut religieux, vous lui faites l'honneur de le citer. Vous prenez donc dans son t. II de l'*Histoire d'Amiens* des extraits des pages 298 et 299. Vous y trouvez que l'*Echevinage s'assembla...* qu'on souscrivit aux conditions des PP. Jésuites... que *le 18 février 1593, le corps de la ville accepta l'offre que firent les jésuites de prendre le collége*, et de tout cela vous concluez, d'après le P. Daire, qu'en 1583 et 1593 Amiens possédait des jésuites.

La conclusion paraît un peu forcée.... nous voyons bien qu'il est question ici de l'établissement des Jésuites, mais ce ne sont là que des préliminaires, des négociations ; et en effet, il n'y a pas autre chose. C'est ce que vous auriez vu si, continuant la citation, au lieu de tronquer le texte au bon endroit, pour les besoins de votre cause, vous étiez arrivé à ces lignes où le P. Daire écrit que « *dès le mois de novembre 1599 les régents* » *abandonnèrent le collége et que Louis Andrieux, qui en était le* » *principal, se retira à Paris.* »

A la page 299 du même volume, on lit que le roi Henri IV leur octroya des lettres patentes, lettres enregistrées au baillage le 20 octobre 1608 « *temps où se fit l'ouverture des classes.* »

Ces lettres patentes citées *in extenso* dans le même ouvrage, t. I, page 431, contiennent cette phrase significative : « *Considérant qu'en toute l'étendue de notre pays de Picardie, il n'y a aucun desdits colléges* (de Jésuites), *à ces causes, permettons à ladite congrégation de Jésus de pouvoir établir un collége en ladite ville d'Amiens. Donné à Paris au mois de février de l'an de grâce 1604, et de notre règne le 15e.* » Est-ce concluant ?

Si Henri IV permit aux Jésuites de s'ÉTABLIR à Amiens en 1604, c'est qu'ils n'y étaient pas auparavant.

Passons à Dom Grenier, que vous mutilez non moins cruellement que vous avez tronqué le P. Daire. Vous prenez dans cet auteur le récit de la séance de l'échevinage du 10 novembre 1583, et, après avoir cité quelques préliminaires, vous concluez « de ce que l'*Evéque pria Messieurs de permettre de leur part de » pouvoir prendre ledit collége, sur lequel ils avaient quelque » surintendance pour y loger lesdits Jésuites,* » qu'il est superflu *de prolonger cette citation plus que suffisante!!! pour établir que dès* 1583 *cet ordre avait pris pied dans notre ville pour n'en plus sortir, et qu'en* 1597 IL Y AVAIT DES JÉSUITES à Amiens!!! En vérité, Monsieur, votre logique est renversante, et vous avez bien raison de vous écrier après ce chef-d'œuvre de dialectique : « L'histoire ne se fabrique pas ! elle s'impose. Pour qu'elle ait » de la valeur, il faut qu'elle soit *impartiale* et puisée aux » sources contemporaines des faits exposés par le narrateur. Il » faut aussi que ces sources soient *examinées scrupuleusement,* » et qu'une certaine *dose de science, un certain esprit de critique* » se présentent dans l'examen des faits. » Très bien, Monsieur, vous joignez l'exemple au précepte.

Continuons, s'il vous plaît, cette citation que, *pour cause,* vous jugez *inutile* de prolonger. M. Augustin Thierry (est-ce encore un clérical?) au 2ᵉ vol. du *Recueil des monuments inédits du Tiers-Etat* donne la suite de la pièce que vous citez et qui est la délibération de l'Echevinage du 10 novembre 1583. A la fin de cette délibération, le maire répondit que « l'Echevinage aviserait » et l'on remit la discussion à huitaine. Le 24 novembre 1583, nouvelle délibération où l'on « remercie l'Evêque » de la bonne volonté qu'il a d'establir et admettre en cette » ville lesdits religieux et où l'on déclara que quand ledit » accord sera arresté un desdits sieurs ou leurs commis ou » délégués y seront appelés. »

Jusqu'ici rien ne nous dit que les Jésuites sont à Amiens. Or le savant historien Augustin Thierry, après avoir examiné et reproduit intégralement (pag. 104 et suiv.) les pièces contenues aux archives de l'Hôtel-de-Ville d'Amiens (reg. aux délibérations de l'Echevinage 53, 55, 58, 59, 61, 62, 78, 2° liasse, R. 4. 2e pièce) prononça l'arrêt suivant qui ne souffre pas de réplique :

« On a vu, dit-il, qu'en 1583 l'Evêque Geoffroy de la Mar-
» thonie ayant offert aux magistrats municipaux de faire venir
» des Jésuites, cette proposition avait été acceptée par l'Eche-
» vinage sous certaines conditions.... Le 18 février 1593, les
» membres de l'Echevinage arrêtèrent de nouveau que l'admi-
» nistration du collège serait remise aux PP. Jésuites, que
» ceux-ci l'exerceraient sous l'autorité de la ville, etc.... Cette
» décision adoptée, l'échevinage écrivit au Pape pour obtenir
» que le prieuré de Saint-Pierre à Gouy, fut cédé aux Jésuites.
» *En* 1599 *les anciens* régents abandonnèrent le collège et le
» principal Louis Andrieux se retira à Paris. En février 1604
» intervinrent des lettres patentes de Henri IV qui, sur la
» requête des nobles, manants et habitants de la ville d'Amiens,
» autorisait la Société de Jésus à *tenir un collège en cette ville.*
» Des lettres patentes accordées par Henri IV pour l'établis-
» sement du collège, furent entérinées *le* 20 *octobre* 1608 *et*
» *c'est alors que se fit l'ouverture des classes.* »

Le long intervalle qui s'écoula entre les diverses négociations de 1583, 1593 et l'entrée des Jésuites dans leur collège d'Amiens en 1608 s'explique, quand on sait (ce que vous oubliez, Monsieur) que les Jésuites durent quitter la France de 1594 à 1604.

Nous pourrions citer d'autres pièces décisives qui existent aux archives du département de la Somme, entre autres ; l'extrait du registre du chapitre d'Amiens du 20 décembre 1606 contenant la supplique du P. de Machault à l'effet de faire délivrer un acte de transport de l'ancien collège Saint-Michel. L'acte par lequel le même Père traite au nom de sa compagnie, le 1er octobre 1607 pour l'ÉTABLISSEMENT d'un collège à Amiens. Le consentement de l'Ecolâtre Pierre Fournier au transport du collège d'Amiens, fait aux Jésuites (15 octobre 1607). Ces divers documents prouvent péremptoirement que les Jésuites ne s'établirent pas à Amiens avant 1608. Donc, comme vous le dites très bien, les Jésuites ont droit de vous répondre quand vous leur reprochez leurs méfaits pendant le siège de 1597 !

Comment l'aurais-je fait, si je n'étais pas né? *Quod erat demonstrandum!*

Mais alors qui de vous ou de moi endossera le *fameux mensonge historique ?* et cette école « qui ne recule pas devant le mensonge pour la défense d'une cause » est-ce la mienne ou la vôtre ? Allez, Monsieur, croyez-moi, retournez en classe chez les ignorantins ; comme vous le voyez, on y apprend un peu d'histoire, et puisque M. Tilloy vous a chargé de parfaire son éducation à cet égard, il faut vous perfectionner vous-même, faute de quoi le pauvre homme risquerait fort d'être encore « volé », pardonnez-moi l'expression.

Que conclure encore de tout ceci, Monsieur? Dirai-je, comme vous m'y engagez, que, puisque j'ai raison, M. Samier est un « infâme menteur » et que vous-même.... Oh ! non, rassurez-vous ; je n'ai pas l'habitude de jeter ces épithètes grossières à la face de mes adversaires : jusqu'à preuve contraire, je crois à leur loyauté et je préfère attribuer leurs erreurs à l'ignorance plutôt qu'à la mauvaise foi.

M. Samier s'est donc trompé tout simplement et vous aussi, bien que, pour vous le dire en passant, vos libertés à l'égard des textes soient par trop démocratiques.

« Vous avez dû, Monsieur, depuis bientôt trois jours, rece-
» voir assez de congratulations de la part de vos radicaux

» jésuitophobes, en vertu du proverbe *Asinus asinum fricat*,
» que vous rappelez avec un si charmant à-propos, pour qu'au-
» jourd'hui la grimace que vous fera faire ma réponse soit un
» peu moins laide. »

Puisse M. Tilloy vous consoler bientôt en vous tendant la main fraternelle qu'il oublia de vous offrir en quittant Amiens; il vous doit bien cela pour vos honoraires de professeur d'Histoire.

Quant à moi, je suis Monsieur, avec la considération qui vous est due,

Votre très-humble serviteur,

ALB. DE BADTS DE CUGNAC.

P.-S. — Permettez-moi de vous faire observer, en dernier lieu, que les termes de la délibération du 18 février 1593 sont *falsifiés*.

« Vous dites : « Le 18 février 1593, le corps de ville accepta
» l'offre que firent les Jésuites de prendre le collége, et dès le
» mois d'Avril on leur donna le prieuré de Saint-Pierre-à-
» Gouy, et on leur accorda les deux cents écus qui se payaient au
» principal, à condition que le corps de ville conserverait son
» autorité sur le collége, et qu'on cesserait de payer cette
» somme, dès que ces Pères jouiraient de 3,000 livres de rente :
» On leur donna en outre, dès qu'ils *arrivèrent*, 133 écus
» 20 sols pour se meubler et on les chargea de l'entretien des
» Capettes. »

Or, ce n'est pas « *arrivèrent* » qu'il fallait dire, mais bien *arriveront* » ce qui change singulièrement le sens de la phrase.

Voici, du reste, l'extrait de l'acte du 18 février 1593, tel que le donne Augustin Thierry (page 1044) d'après la pièce originale qui se trouve dans les archives de l'Hôtel-de-Ville d'Amiens : « Considérant le peu d'instruction que recevait la

» jeunesse au collége d'Amiens où professait un principal qui
» avait de la ville 200 écus, il a été arrêté par les Mayeur et
» Echevins qu'ils consentiraient de concéder ledit collège aux
» PP. Jésuites, à la charge par eux d'entretenir les Capettes...
» En conséquence, que les deux cents écus seraient payés
» auxdits Pères Jésuites chacun an, jusqu'à ce qu'ils aient un
» fond de mille écus de rente, sauf à récompenser ledit sieur
» principal. *Résolu* qu'il leur *sera* fourni à leur arrivée
» 133 écus et 20 sols pour leur aider à se meubler. »

Lisez donc mieux les textes, mon cher Monsieur, vous qui allez si *impartialement* aux sources. On s'expose à des falsifications *involontaires* quand on n'y regarde pas de plus près.

## IV.

### M. U. Lambert. répondit (1).

Maintenant nous n'avons plus affaire avec un écrivain signant, comme tant d'autres par les trois premières lettres de l'alphabet; nous avons affaire à un gentilhomme jouissant de la double particule. Quel honneur pour un roturier ! quelle gloire pour un démocrate ! !

Comme nous l'avons fait, quand il s'agissait de M. Samier, en laissant de côté les personnalités que M. A. B. C. lui adressait dans l'*Abbevillois*, nous le ferons pour nous-même en laissant également de côté les personnalités que M. Alb. de Badts de Cugnac nous adresse.

Les personnalités n'avancent pas les questions, elles les enveniment, et font rire quelquefois les loustics, sans éclaircir la discussion. Nous allons donc entrer dans la question soulevée par M. Samier, défendue par nous, et contestée par

---

(1) *Progrès de la Somme*, 23 mars 1873.

notre contradicteur. Nous apporterons dans cette discussion tout le calme désirable et, pour prouver qu'on peut être démocrate et poli, nous emploierons, à l'égard de notre noble adversaire les expressions les plus courtoises.

Cela dit, nous entrons en matière.

L'argumentation de M. Alb. de Badts de Cugnac repose sur deux points :

1° Les Jésuites ont été chassés de France (et l'on sait pourquoi) de 1594 à 1604. *Ergò*, ils ne pouvaient pas être à Amiens en 1597.

2° Les Jésuites ne sont venus à Amiens qu'en 1608 en vertu de lettres royales.

Voilà tout le fond de la question.

Pour établir que des Jésuites, ainsi que l'a très-bien dit M. Samier, pouvaient être à Amiens en 1597, nous avons consulté, de préférence à tous autres, des historiens cléricaux et nous avons trouvé chez ces historiens la preuve pour nous irrécusable que Geoffroy de la Martonie, tout puissant dans Amiens à l'époque néfaste de la Ligue, avait fait savoir en 1583 au conseil de la cité qu'il voulait établir des Jésuites à Amiens, qu'il demandait pour eux le collége de la ville dont, pour le besoin de la cause de ses protégés, il calomniait les professeurs qui cependant étaient des ecclésiastiques, et puis, d'accord avec le P. Daire cité par nous, nous avons établi que la proposition de l'évêque avait été accueillie par la majorité du conseil et que les Jésuites se trouvèrent installés à Amiens avant 1597. Nous ajoutons aujourd'hui : sans lettres du roi, parce qu'Amiens en proie à la fièvre de la Ligue ne reconnaissait plus le roi, à tel point qu'un mayeur de cette ville, enragé ligueur, avait osé jeter au feu en 1588 une lettre émanant de Henri III roi de France et de Pologne. Ce n'est qu'en février 1604, qu'Henri IV, jouant au milieu des passions religieuses qui déchiraient le pays le rôle de conciliateur, signa, par suite de démarches faites auprès de lui, les lettres qui autorisaient les Jésuites à revenir en France et à s'installer officiellement à Amiens.

Il est bon cependant de s'entendre. Il faut voir l'état de la France, il faut voir si l'arrêt d'expulsion des Jésuites, rendu par le Parlement de 1594 ne fut pas considéré comme lettre-morte, dans notre ville. Et pour cela, nous pouvons invoquer des faits contemporains et analogues.

Lorsque Sa Majesté Charles X, roi de France et de Navarre signa, lui aussi, un arrêt d'expulsion des Jésuites hors de France, cet arrêt fut-il exécuté à Amiens qui possédait alors et possède encore aujourd'hui la jésuitière de Saint-Acheul ? Non ! l'ordre du roi ne fut pas exécuté. Ostensiblement on ne professa plus à Saint-Acheul, mais les membres de la confrérie de Loyola n'en déguerpirent pas le moins du monde. Et quand, en 1830, le peuple d'Amiens, heureux de revoir le drapeau tricolore et de sentir dans ses poumons l'air pur de la liberté, se porta à Saint-Acheul, il y trouva les Révérends Pères et non une maison vide (1). L'ordonnance du roi Charles X avait donc été pour ceux qu'elle devait atteindre une lettre-morte. Eh bien ! il en fût de même en 1594, l'arrêt du Parlement fut sans effet à Amiens, et, sous le très-puissant patronage de Geoffroy de la Martonie, principal maître de la cité ligueuse, les Jésuites qu'il avait *suscité* à y venir, restèrent dans nos murs. Qui donc aurait osé les chasser ? C'étaient des ligueurs qui vivaient au milieu de ligueurs fanatiques et de leurs amis.

Quant à la valeur de l'ordonnance d'Henri IV relativement à leur rentrée et à leur installation à Amiens, c'est un document officiel que nous ne récusons pas, mais qui ne prouve pas le moins du monde que les Jésuites à l'état de conspirateurs

---

(1) Pendant le pillage de cette maison, une pierre lancée par un des émeutiers vint blesser au visage l'illustre orateur de Notre-Dame, le Père de Ravignan.

cachés contre le roi de France n'aient pas séjourné à Amiens. Nous voyons au contraire dans les lettres patentes de ce bon roi, lettres qu'il a signées, mais qu'à coup sûr il n'a pas rédigées, et qu'il a eu la faiblesse d'accorder pour céder aux sollicitations et *à la très-instante supplication et requête de ses très-amez cousin et cousine, les comte et comtesse de S. Paul, et de ses chers et biens amez les Nobles Bourgeois, Manans et habitans de la Ville d'Amiens*, nous y voyons, dis-je, un désir de faire une concession amiable aux ligueurs d'Amiens qui lui avaient demandé de régulariser légalement la position des Jésuites dans leur ville.

Il ne faut donc pas trop s'appuyer sur ces lettres patentes qui ne regardent en définitive, que l'établissement d'un collége régulier, et non l'arrivée des Jésuites à Amiens. Quant à nous, dut-on écrire des volumes pour nous dire que Geoffroy de la Martonie n'a proposé que des ombres en 1583 et que l'échevinage d'Amiens, à la majorité, n'a accepté que des ombres, nous persistons dans l'opinion de M. Samier qui a vu juste et qui a dit la vérité. Oui, des Jésuites étaient à Amiens sous le règne de la Ligue, ils y étaient pour exciter les ligueurs, les diriger, et non pas pour faire l'école.

Je suis vraiment heureux que mon honorable adversaire m'ait indiqué Augustin Thierry, historien non clérical dont il accepte les dires. Augustin Thierry a, en effet, transcrit l'échevinage du 24 novembre 1583, dans lequel le mayeur a déclaré que Geoffroy de la Martonie voulait que les Jésuites prissent possession du collége d'Amiens, « d'aultant que ledit
» collége a été institué et fondé par ses prédécesseurs évesques,
» et que les dits évesque et chapitre y ont de tout temps toute su-
» périorité et intendance *et non mes dits sieurs...* » Est-ce clair ? L'évêque seul était le maître, il était dans son droit, il voulait son collége pour des Jésuites qu'il avait *suscités* à venir à Amiens, et, dans ces sortes de choses, ce qu'Evêque veut, Dieu

le veut. Aussi, après divers avis de divers échevins, voici la fin de la conclusion de cette séance intéressante du 24 novembre 1583, d'après l'illustre Augustin Thierry.

« .... A esté conclud et arresté que mesdits seigneurs (les
» échevins) remercieront mondit seigneur évesque de la bonne
» voulenté et dévotion qu'il a d'establir et admettre en ceste
» ville lesdits religieux de la compagnie de Jésus, et que,
» suivant sa requeste, mesdits sieurs en ce qui leur touche
» donnent consentement *à l'introduction et réception* desdits
» religieux, mesmes que pour les loger et accommoder on
» puisse prendre ledit collége des grandes escoles et le revenu
» d'icelui, à condition qu'ils ne prendront aucune chose pour
» instituer la jeunesse audit collége, etc., etc. »

C'est en 1583 que le Conseil de la ville concluait ainsi *à l'introduction et réception* des jésuites, et, avec un évêque aussi entreprenant et aussi volontaire que le tout puissant Geoffroy de la Martonie, les choses auraient duré, selon notre contradicteur, jusqu'en 1608, c'est-à-dire pendant *vingt et cinq années*, sans recevoir de solution ! Un quart de siècle ! Allons donc !

Quant à ce pauvre Louis Andrieu qui quitta Amiens en 1599 et abandonna son titre de régent d'un collége délaissé par l'ordre et par l'influence de l'évêque, que prouve ce fait ? Rien, absolument rien. Louis Andrieu, soutenu par quelques rares échevins, lutta tant qu'il put contre ses successeurs et il dut, de guerre lasse, abandonner la partie en 1599. Et alors, après la fuite de L. Andrieu, la grande ville d'Amiens, — cela résulterait des faits présentés par notre adversaire, aurait été sans école pour les humanités jusqu'en 1608, date de l'installation définitive et officielle des Jésuites, c'est-à-dire, pendant neuf années consécutives ! Qui donc croira cela ?

Nous aussi nous concluons et c'est au public impartial que nous nous adressons. Les lecteurs du *Progrès de la Somme* jugeront de quel côté est la vérité, ils decideront dans leur for intérieur, si l'expulsion des Jésuites, de par le Parlement, de 1594 à 1604, a eu le plus petit effet dans la forteresse épiscopale de très-haut et très-puissant seigneur Monseigneur Geoffroy de la Martonie, chef de la ligue à Amiens ; ils décideront également, après les arguments produits par notre adversaire et par nous, si les lettres royales d'Henri IV, délivrées en 1604, à la supplication de son cousin et de sa cousine, n'ont pas été la terminaison légale et officielle d'un état préexistant, à savoir qu'il y avait à Amiens des Jésuites en 1583, qu'ils n'ont jamais quitté cette ville, grâce à l'appui de leur introducteur et de leur meilleur ami Geoffroy de la Martonie, et que ce n'est qu'en 1608 qu'ils ont obtenu à Amiens une situation régularisée par le roi. Ce roi par ses lettres, consacrait le fait accompli et, dans son ineffable bonté, — bonté dont il fut hélas ! victime puisqu'il fut assassiné par un élève des Jésuites il leur permettait d'ouvrir un collége régulier dans notre ville.

Cette fois, Monsieur, je n'ai pas mis deux ans pour faire ma réponse et j'ai l'honneur de vous saluer avec tout le respect et la déférence qu'un vil roturier doit à un noble gentilhomme.

U. LAMBERT.

Amiens, le 21 mars 1873.

P.-S. Votre post-scriptum, Monsieur, m'accuse de *falsification* INVOLONTAIRE en disant que j'ai écrit : ARRIVÈRENT au lieu de ARRIVERONT. Vous regretterez, Monsieur, cette insinuation peu charitable dans la bouche d'un homme bien élevé et religieux, si vous voulez avoir la bonté de relire le passage du P. Daire que j'ai, quoique démocrate et suivant mon habitude constante, très-honnêtement et très-fidèlement transcrit. Voici ce passage que je répète intentionnellement :

« Le 18 février 1593, le corps de ville accepta l'offre que
» firent les Jésuites de prendre le collége, et dès le mois d'avril

» on leur donna le Prieuré de Saint-Pierre à Gouy, et on leur
» accorda les deux cents écus qui se payaient au principal, à
» condition que le corps de ville conserveroit son autorité sur
» le collége, et qu'on cesseroit de payer cette somme, dès que
» les Pères jouiroient de 3,000 livres de rente : on leur donna
» en outre, dès qu'ils ARRIVÈRENT, 133 écus 20 sols pour
» se meubler, et on les chargea de l'entretien des Capettes. »

Vous voyez, monsieur, que s'il y a eu *falsification involontaire*, c'est au Révérend Père Daire, notre maître en histoire locale, que votre reproche injuste et non fondé pour lui comme pour moi, aurait dû s'adresser.

U. L.

## V.

### Un dernier mot à M. U. Lambert (1).

M. U. Lambert (puisqu'il faut encore ne pas l'appeler par son nom), nous adresse une longue lettre à laquelle il nous est facile de répondre brièvement : ce sera notre dernier mot à cet adversaire masqué.

Monsieur,

Vous voulez bien m'annoncer, en commençant, que vous renoncez aux personnalités. Je vous en félicite d'autant plus que, qualifié par vous, de *Basile*, de *Tartufe*, etc., je ne vois pas trop ce que vous pourriez ajouter à votre courtoise litanie.

Mal à votre aise sur le point historique traité par nous, vous jetez à l'eau, délibérations, édits, lettres-patentes et tout ce qui fait autorité en pareilles matières, pour vous lancer dans le domaine de la fantaisie : Vous me dites gravement que

---

(1) *Mémorial d'Amiens*, 24 mars 1873.

« Puisque les Jésuites n'ont pas obéi aux ordonnances de 1828, ils ont dû, par conséquent, ne pas se soumettre à l'arrêt de 1594. Je pourrais ne pas me contenter de cette hypothèse gratuite et vous demander au moins la preuve ; mais je préfère retourner l'argument contre vous et vous répondre : « Puisque les Jésuites *ont obéi* aux ordonnances de 1828, ils ont dû obéir aussi à l'arrêt de 1594. »

En effet, Monsieur, si vous aviez étudié l'histoire de France plus soigneusement que notre histoire locale, vous sauriez que les Jésuites n'ont pas été *expulsés* par les ordonnances, mais seulement *privés du droit d'enseigner* (1). Or, ces Religieux donnèrent aussitôt l'exemple d'une soumission complète et cessèrent d'enseigner.

Votre argumentation est donc mise à néant, et si les PP. Jésuites étaient à Saint-Acheul, en 1830, c'est qu'ils avaient très légalement le droit de s'y trouver.

---

(1) Voici le texte des ordonnances des 16-21 juin 1828, en ce qui a trait aux Jésuites :

Art. 1er. A dater du 1er octobre prochain, les établissements connus sous le nom d'*Ecoles secondaires ecclésiastiques*, dirigés par des personnes appartenant à une Congrégation religieuse non autorisée, et actuellement à Aix, Billom, Bordeaux, Dôle, Forcalquier, Montmorillon, Saint-Acheul et Sainte-Anne d'Auray, seront soumis au régime de l'Université.

Art. 2. A dater de la même époque, nul ne pourra être ou demeurer chargé soit de la direction, soit de l'enseignement dans une des maisons d'éducation dépendante de l'Université, ou dans une des écoles secondaires ecclésiastiques s'il n'a affirmé par écrit qu'il n'appartient à aucune Congrégation religieuse non légalement établie en France.

Art. 3. Nos ministres secrétaires d'Etat sont chargés de l'exécution de la présente ordonnance, qui sera insérée au *Bulletin des Lois*.

Donné en notre château de Saint-Cloud, le 16 juin 1828.

CHARLES.

Permettez-moi, Monsieur, d'ajouter que vous calomniez ici le *vrai peuple d'Amiens,* car, cette bande d'émeutiers qui se rua sur Saint-Acheul en 1830, ne constituait pas plus le *peuple d'Amiens* que la tourbe de forcenés cosmopolites qui fit le sac de Saint-Germain-l'Auxerrois et, plus tard, fusilla les ôtages, ne constituait le peuple de Paris : le peuple honnête s'indigne contre de pareils excès.

Vous vous étonnez, Monsieur, de la longueur des négociations qui eurent lieu de 1583 à 1608 : vous dites que, si l'on m'en croit, la grande ville d'Amiens serait restée sans école pendant neuf ans. J'ai déjà répondu à votre première objection en vous citant l'arrêt qui exila les Jésuites de 1594 à 1604, arrêt auquel *j'affirme* que ces Religieux ont obéi, jusqu'à ce que vous m'ayez *prouvé* le contraire autrement que par des « Est-ce possible ? Qui le croira ? » et autres arguments non moins probants.

Quant à la seconde objection, si vous aviez lu l'*Histoire littéraire de la ville d'Amiens* par le P. Daire, vous auriez vu, qu'en attendant l'ouverture du collège des Jésuites, les écoles ne manquaient pas à Amiens pour les besoins de la jeunesse.

D'ailleurs, Monsieur, j'ai le droit de vous demander d'opposer aux documents historiques autre chose que des suppositions gratuites et des assertions dénuées de tout fondement sérieux. Avant de me déclarer, par exemple, que « les édits ne faisaient que consacrer un fait accompli et régulariser une situation » je désire que vous me *prouviez* l'existence de cette *situation* et de ce *fait accompli.* Et cependant, Monsieur, c'est vous qui l'avez dit : « L'histoire ne se fabrique pas ! » Qui le croirait en vous lisant ?

Enfin, vous vous défendez d'avoir falsifié les textes ; j'ai le regret de vous répondre que : Placer sous la rubrique 1593 et, contrairement à une pièce authentique que vous aviez cependant sous les yeux, essayer de persuader que les faits condensés par le P. Daire dans son récit de l'établissement des PP. Jésuites à

Amiens (Délibération du 18 février 1593. — Résolution d'écrire au Pape pour faire avoir aux Jésuites le prieuré de Saint-Pierre-à-Gouy, 21 avril 1599, jusqu'au jour de l'arrivée des Pères, sept ans plus tard) essayer, dis-je, de persuader à vos lecteurs que tous ces faits se sont passés en 1593, c'est ce que l'on doit appeler en bon français, falsifier la vérité historique.

J'en reste là, Monsieur, la discussion me paraît close, et tout lecteur impartial sait désormais où sont la vérité et la raison. C'est le but que je voulais atteindre.

Je vous salue,

ALB. DE BADTS DE CUGNAC.

---

M. U. Lambert, à bout d'arguments ne jugea plus à propos de répliquer, mais un des anonymes du *Progrès* vint, selon les habitudes de ce journal, répondre par la tirade suivante dont nous laissons au lecteur le soin d'apprécier l'exquise délicatesse : Ce Monsieur a obtenu, lui aussi, l'entrée du *Progrès*, sans s'être préalablement essuyé les pieds et les lèvres : qu'on en juge !

## VI (1).

M. Alb. de Badts de Cugnac est entré dans une sainte colère. Il nous accuse d'avoir fait subir à sa réponse l'opération criminelle qu'infligea le chanoine Fulbert à l'infortuné Abélard. Rien que cela. Nous aurions suivant lui, *complètement mutilé sa lettre* et alors M. Abélard de Cugnac pousse des cris aigus dont retentissaient hier les colonnes du *Mémorial d'Amiens*.

Car M. de Badts est allé frapper à la porte du *Mémorial* qu'il dénonçait l'an dernier aux foudres de l'*Univers* comme ne gagnant pas l'argent de sa subvention et trahissant les intérêts

---

(1) *Progrès* du 25 mars 1873.

de l'Eglise (1). C'est que M. de Cugnac n'est pas le premier venu dans le monde clérical ; il a les ardeurs d'un inquisiteur de la foi. Correspondant de l'*Univers*, il est en littérature de l'école de M. le Baron Th. de Morgan ; en histoire il se flatte d'appartenir à celle du P. Loriquet (2) en religion il représente la fine fleur des pois du Comité catholique d'Amiens, ramification occulte du Comité central de Paris, qui n'est lui-même qu'une succursale du *Gésu* de Rome. Ni l'*Echo de la Somme* ni le *Mémorial d'Amiens* ne trouvent toujours grâce devant lui, et quand il daigne secouer chez eux les perles de son style, ce doit être pour nos confrères un inappréciable honneur.

Aussi il faut voir sur quel ton le prend envers le *Progrès de la Somme* ce chevalier de la foi. Les mots de loyauté, de justice et d'impartialité se pressent sous sa plume frémissante pour nous accabler. Car ces gens-là sont tous les mêmes : eux seuls ont de la loyauté, eux seuls pratiquent la justice, eux seuls donnent l'exemple de l'impartialité. Tout beau, mon gentilhomme. Si vous avez appris à l'école des Jésuites, comme vous le dites dans votre lettre, « la politesse et la modestie, » ces « qualités essentielles d'un véritable savant, » il ne paraît guère que vous ayez profité des leçons de ces bons Pères. Quand on parle en leur nom surtout, il est bon d'ajouter à la pratique de cette vertu chrétienne, qui s'appelle l'humilité, le mérite de la circonspection. Or quel que soit le désir de M. de Cugnac de Badts de se donner les airs d'une victime intéressante, nous devons rectifier, en ce qui nous concerne, ses assertions pieusement inexactes.

Lorsque M. de Badts s'est déclaré le légitime propriétaire

---

(1) Cette allégation du *Progrès* est complètement fausse ; mais une erreur *involontaire* de plus ou de moins coûte peu à l'*estimable* journal.

(2) Plus d'un bon esprit jugera sans doute que cette école vaut bien celle du *Progrès* et de M. U. Lambert.

des initiales A B C et nous a demandé d'accueillir sa réponse à l'article de notre collaborateur, rien ne nous obligeait à lui ouvrir nos colonnes, et rien que son allégation, n'établissait pour nous qu'il eût le moindre titre à cette faveur. Nous nous sommes cependant empressés d'insérer sa lettre sans autre préoccupation que celle d'élucider le point historique en litige.

De cette réponse nous n'avons ni retranché un argument ni modifié une expression ; nous avons simplement laissé de côté et remplacé par des points des personnalités inutiles à la cause, qui auraient motivé d'autres vivacités de la part de nos collaborateurs, afin de donner à la discussion le caractère impersonnel et purement historique qui seul pouvait nous permettre d'accueillir la prose de M. de Cugnac (1).

Lorsque le parti auquel appartient M. de Badts voudra bien renoncer à son système de mensonges et de calomnies pour agir avec autant de loyauté, de justice et d'impartialité envers ses adversaires, nous nous déclarerons satisfaits.

Mais si M. de Cugnac de Badts s'est imaginé qu'en lui accordant généreusement l'hospitalité du *Progrès* pour défendre sa thèse historique, nous lui laisserions toute liberté pour nous injurier à son aise, il a trop présumé de notre naïveté (2). Nous le laissions entrer chez nous à la condition qu'il essuyerait ses pieds à la porte (3). C'est de la civilité puérile et honnête qui devrait être familière aux élèves des bons Pères.

Quant à cette allégation de M. de Cugnac qu'en mutilant sa

---

(1) Que n'avaient-ils retranché et remplacé par des points les injures que M. U. Lambert adressait à son adversaire ?

(2) Pas un mot de la réponse à M. U. Lambert que nous adressions au *Progrès* n'était à l'adresse de ce journal ; il n'avait donc pas à se défendre contre nos prétendues *injures*.

(3) M. U. Lambert n'avait guère essuyé les siens en entrant dans le *Progrès*. Il est vrai, qu'étant de la maison, on lui permet sans doute d'y pénétrer crotté.

lettre notre collaborateur « gardait le droit de l'insulter à son aise, » nos lecteurs peuvent maintenant en faire justice. Ils ont lu hier la réponse de M. U. Lambert et leur opinion est faite sur ce point. Il reste à M. de Badts de Cugnac à mettre à son tour cette réponse sous les yeux des lecteurs du *Mémorial*. Il pourra alors, mais seulement alors, parler de sa loyauté, de sa justice et de son impartialité, sans avoir encore le droit de calomnier celles des autres. Jusque là nous aurons soin, si nous avons à prendre des leçons de loyauté, de justice et d'impartialité, de nous adresser à d'autres qu'aux disciples d'Ignace de Loyola.

---

Pour tout lecteur impartial ayant attentivement pesé la valeur des arguments apportés par chacun des adversaires, il n'y a, selon nous, que cette seule conclusion à tirer : Non, il n'y avait en 1597, aucun Jésuite à Amiens.

---

Amiens. — Imp. de LENOEL-HEROUART, rue des Rabuissous, 30.

www.ingramcontent.com/pod-product-compliance
Lightning Source LLC
Chambersburg PA
CBHW070703050426
42451CB00008B/474